# RITUEL

## pour les

# CHAPITRES

### DU G∴O∴D∴F∴

---

## 18ᵉ DEGRÉ

# RITUEL



# CHAPITRES

DU G∴ O∴ D∴ F∴

—

# 18ᵉ DEGRÉ

# GRAND ORIENT DE FRANCE

## SUPRÊME CONSEIL

### POUR LA FRANCE ET LES POSSESSIONS FRANÇAISES

## CAHIER

DES

## GRADES CAPITULAIRES

(Du 4ᵉ au 18ᵉ degré)

# RITUEL DES CHEV∴ ROSE-CROIX

### MIS EN HARMONIE

AVEC LA CONSTITUTION ET LE RÈGLEMENT GÉNÉRAL DE L'ORDRE PROMULGUÉS EN 1885 (E∴ V∴)

### Année ∞890

1890 (E∴ V∴)

# SOMMAIRE

# EXTRAITS DE LA CONSTITUTION ET DU RÈGLEMENT GÉNÉRAL

CONSTITUTION. — *Art. 7.* — « ..... Nul ne peut être dispensé des épreuves graduées « prescrites par les Rituels..... »

RÈGLEMENT GÉNÉRAL. — *Art. 78.* — « Un Maître ne peut être élevé aux grades capi-« tulaires que s'il est membre actif d'une Loge *de la Fédération,* s'il a au moins TROIS ANS « de maîtrise, et s'il a mérité cette élévation par des services rendus à l'Ordre ou par « des actes utiles à l'humanité. »

R∴ G∴ — *Art. 79.* — « Tout candidat aux grades capitulaires doit être proposé à « un Chapitre, soit par la Loge à laquelle il appartient, soit par cinq membres actifs de « ce Chapitre.

« En cas de présentation par la Loge, cette proposition doit être délibérée en tenue « de Maître.

« A la proposition, signée du Vénérable, de l'Orateur et du Secrétaire de la Loge, « ou des cinq membres du Chapitre, doivent être joints :

« 1° Le diplôme de Maître du candidat;

« 2° Sa demande écrite et signée. »

R∴ G∴ — *Art. 80.* — « Le Président du Chapitre désigne deux membres de cet Atelier pour « examiner la proposition, en vérifier les indications, prendre tous renseignements sur le candidat et « faire leurs rapports *écrits* au Chapitre.

« En cas de présentation par cinq membres du Chapitre, le Président demande à la Loge du can-« didat, par une planche spéciale, son avis motivé sur les mérites de ce Frère.

« Si l'avis est défavorable, le Chapitre prononcera l'ajournement.

« Si la Loge ne répond pas dans le délai de trois mois, le Chapitre peut passer outre. »

R∴ G∴ — *Art. 81.* — « Le Chapitre, après avoir entendu la lecture de la proposition et des rapports, « statue par assis et levé sur l'admission aux épreuves, à moins que le scrutin secret ne soit réclamé « par trois membres de l'Atelier.

« Les visiteurs ont le droit de vote.

« L'admission aux épreuves et l'admission définitive après les épreuves sont prononcées à la majorité « des suffrages exprimés. »

RÈGLEMENT GÉNÉRAL. — *Art. 82.* — « Les grades intermédiaires » (*entre le 3ᵉ et le 18ᵉ*), « peuvent être donnés par communication. Celui de Rose-Croix, correspondant au « 18ᵉ degré, doit toujours être conféré avec le cérémonial déterminé par le Rituel. »

R∴ G∴ — *Art. 231.* — « Le Grand Collège des Rites, gardien de la tradition et « régulateur des formes maçonniques, arrête et revise, pour les travaux à tous les degrés, « les Rituels dont l'observation est recommandée par le Grand Orient à ses Ateliers. »

---

*Nota.* — Le Règlement général (art. 68) interdit aux *Loges* d'initier plus de *cinq* profanes à la fois. — Bien que cette interdiction ne soit pas applicable aux Ateliers capitulaires, — dans lesquels il ne s'agit plus d'admettre des profanes au sein de la grande famille maç∴, mais seulement de conférer à des maçons qui ont déjà la plénitude de leurs droits maç∴ des grades qui entraînent pour eux un supplément d'activité et de devoirs, — il est grandement désirable qu'*en fait,* et à moins de nécessités exceptionnelles, les Tr∴ Sages des Chapitres s'abstiennent de dépasser le chiffre de cinq candidats à la fois dans les réceptions. Au delà du chiffre de *sept,* il ne pourrait y avoir ni interrogation sérieuse de tous les candidats, ni lecture de leurs morceaux d'architecture.

Les degrés qui se correspondent mutuellement d'un Rite à l'autre ne diffèrent entre eux que par les explications qui en sont données dans les différents Rituels, et ces explications elles-mêmes varient nécessairement suivant les temps, les milieux et l'évolution des idées toujours en rapport avec le progrès des connaissances humaines.

Le présent Rituel s'adresse aux Chapitres travaillant sous les auspices du Grand Orient de France, Suprême Conseil; il s'est inspiré de l'unité de régime proclamée par l'acte définitif de 1804 (Concordat de 1804, signé par les FF.˙. Roëttiers de Montaleau et autres), lequel contient à la page 1 la déclaration suivante :

« **Le Grand Orient déclare qu'il unit à lui** les RR.˙. FF.˙. travaillant

« exclusivement d'après les principes du Rite écossais ancien et accepté.

« En sorte qu'à l'avenir tous les maçons s'élèveront sans obstacle aux

« connaissances sublimes, à mesure qu'ils croîtront en âge et en capacité,

« ils jouiront des avantages d'une **unité de régime** propre à assurer l'unifor-

« mité des travaux dans les Loges et dans les Chapitres, à entretenir l'har-

« monie avec les Orients étrangers, et à propager les lumières dans les

« lieux où aucun Orient n'aurait ouvert les trav.˙. de la Sagesse. »

---

## GRADES INTERMÉDIAIRES (ENTRE LE 3ᵉ ET LE 18ᵉ)

---

Les grades donnés *par communication*, entre le 3ᵉ et le 18ᵉ degré, dans les Chapitres de Rose-Croix du Grand Orient de France, Suprême Conseil, sont les suivants (1) :

*4ᵉ degré. — Maître secret.*

*5ᵉ id. — Maître parfait.*

*6ᵉ id. — Secrétaire intime.*

---

(1) Dans le Rite exclusivement écossais, ces grades sont précédés d'un grade intermédiaire le *Past-Master* ou Passé-Maître, qui est une sorte de maîtrise complémentaire.

*7ᵉ degré. — Prévôt et Juge.*
*8ᵉ   id.   — Intendant des Bâtiments.*
*9ᵉ   id.   — Maître élu des neuf.*
*10ᵉ  id.   — Illustre élu des Quinze.*
*11ᵒ  id.   — Sublime Chevalier élu.*
*12ᵉ  id.   — Grand Maître Architecte.*
*13ᵉ  id.   — Royal-Arche.*
*14ᵉ  id.   — Grand Élu ancien.*
*15ᵉ  id.   — Chevalier d'Orient et de l'Épée.*
*16ᵉ  id.   — Prince de Jérusalem.*
*17ᵉ  id.   — Chevalier d'Orient et d'Occident.*
*Le 18ᵉ degré est celui du Chevalier Rose-Croix.*

---

L'Atelier porte le titre de « *Chapitre de Rose-Croix* ».

---

Les colonnes du temple sur lesquelles sont rangés les FF.·. Chev.·. s'appellent les colonnes du Chapitre. — Le mot *Vallée* s'applique exclusivement à la localité où siège l'Atelier.

# NOTA

*Le présent Rituel constate les formes antérieurement et actuellement en usage et ne prétend imposer aucun emblème dogmatique, ni exclure aucuns symboles préexistants, pourvu qu'ils ne soient pas en contradiction avec la Constitution et le Règlement général du Grand Orient de France.*

*Les Ateliers sont libres d'adopter telles interprétations progressistes ou anciennes qui répondent le mieux à la philosophie intérieure et personnelle de leurs membres.*

*Le Grand Orient de France, en son Suprême Conseil, fait des vœux pour que toutes les Puissances maçonniques régulières du globe terrestre puissent un jour se mettre d'accord sur les formes qui doivent être définitivement et universellement recommandées à tous les Ateliers.*

# RITUEL



DES

## ATELIERS CAPITULAIRES

### Pour les travaux des Chev.·. Rose–Croix (18ᵉ degré)

## DISPOSITION ET DÉCORATION DU TEMPLE

Le Chapitre des initiés au grade de Rose-Croix se tient dans un temple rouge, le rouge étant la couleur du 18ᵉ degré, comme le bleu est celle des trois premiers degrés maç.·. (article 130 du Règlement général).

Il peut être tenu dans un temple symbolique.

Dispositions recommandées :

1° A la colonne J.·. est suspendu un transparent triangulaire portant le mot : Liberté en lettres rouges, entouré ou non de branches d'acacia ;

2° A la colonne B.·., pareil transparent portant le mot : Égalité ;

3° Au-dessus de la porte de l'Ouest (entre les colonnes), pareil transparent triangulaire, portant, en dedans des côtés, les mots : Liberté, Égalité, Fraternité, et au milieu une croix (1) contenant dans ses branches les lettres I N R I, et au centre une rose. Les mots : Liberté, Égalité, Fraternité ont remplacé depuis déjà un certain temps les mots : *Foi*, *Espérance* et *Charité*, qui figuraient sur les vieux Rituels.

Modèle du 3ᵉ transparent.

Modèle de la croix.

4° A l'Orient, se trouve l'inscription : « Grand Orient de France, Suprême Conseil « pour la France et les possessions françaises. »

---

(1) Cette croix est tantôt une croix philosophique à quatre branches égales, tantôt (pour les rites *exclusivement* écossais) une croix latine à branches inégales.

Certains Ateliers y ajoutent : un tableau lumineux représentant un soleil levant, — la bannière de l'Atelier, — le nom de l'Atelier et la date de son souchage sur la Loge N, — ainsi qu'un certain nombre de qualités philosophiques sur le côté sud du temple ;

5° Sur la face verticale de l'autel (plateau présidentiel, faisant face aux colonnes), une croix à quatre branches égales avec les initiales I N`R I ; au centre, une rose ; en dessous, le pélican mystique, entouré *(ad libitum)* de· branches d'acacia.

*Accessoirement :* Sur le côté droit de l'autel, on peut placer une sphère armillaire ou un globe terrestre, emblème des sciences ; — on dispose aussi des cassolettes sur des trépieds de forme antique au-dessous de chacun des trois grands luminaires de l'Occident, ainsi que des hallebardes ou baguettes de justice au devant des plateaux du Chancelier et du Chevalier d'Éloquence. — Les tentures de l'autel et des plateaux sont rouges.

Il est d'usage de se mettre en grande tenue pour les réceptions et les séances dont on veut accroître la solennité. — Cette tenue, pour les initiations de récipiendaires se complète quelquefois par des dalmatiques qui symbolisent le caractère chevaleresque du grade. (Les dalmatiques sont, dans ce cas, disposées par avance sur les banquettes des colonnes. Elles sont essentiellement facultatives, n'étant conservées dans certains Ateliers qu'en vertu d'une habitude traditionnelle).

Le cordon rouge de Rose-Croix (article 130 du Règlement de l'Ordre) se porte en sautoir. Il est ordinairement doublé de noir afin de pouvoir être retourné dans les cérémonies funèbres.

*Dénomination des officiers d'un Atelier de Rose-Croix.*

| | | |
|---|---|---|
| (Le Président) *Très-Sage* | correspond au | Vénérable d'une Loge ; |
| Premier Grand Gardien | — | 1ᵉʳ Surveillant — |
| Second Grand Gardien | — | 2ᵉ Surveillant — |
| Chevalier d'Éloquence | — | Orateur — |
| Chancelier | — | Secrétaire — |
| Grand Expert | — | Grand Expert — |
| Trésorier | — | Trésorier — |
| Hospitalier | — | Hospitalier — |
| Un ou plusieurs Maîtres des Cérémonies | — | Experts et Maîtres des Cérémon.·. d'une Loge. |

Un Garde de la Tour correspondant à un Couvreur de Loge (à l'intérieur).

Un Couvreur correspondant à un Couvreur de Loge (en anglais : *Tiler* ou *Tuileur*).

L'article 21 du Règlement de l'Ordre, sur les officiers adjoints dans les Loges, leur est applicable.

# MEMENTO DU 18ᵉ DEGRÉ

*Batterie.* — La batterie simple se compose de sept coups, dont six également espacés et un septième distancé : ●—●—●—●—●—●————————●

*Acclamation.* — Liberté ! Égalité ! Fraternité ! (1).

*Ordre.* — Se placer debout dans l'attitude dite autrefois « du Bon Pasteur » (croiser les mains sur la poitrine, les doigts étendus dans la direction des épaules et les deux pouces formant un angle droit).

*Signe.* — Élever la main droite en montrant le ciel avec l'index levé verticalement.

*Contre-signe.* — Montrer la terre du même doigt abaissé.

Contrarier ces deux signes en réponse de l'un à l'autre (2).

*Attouchement.* — Étendre la main droite que l'interrogateur saisit dans la sienne. Les deux mains ainsi jointes se retournent trois fois en signe d'amitié et de solidarité. — *Autre forme.* — Étant à l'ordre l'un devant l'autre, se saluer, puis se poser réciproquement par un croisement des deux bras, la main droite sur l'épaule droite, et la main gauche sur l'épaule gauche. Dans cette position, se donner le baiser frat∴ en prononçant le mot de passe.

*Mot de passe.* — Commence par un E.... Signifie : « Paix » ou « souhait de bien-« venue », ou « les forces surnaturelles sont avec nous ».

*Mot sacré* ou réponse. — INRI. Ces lettres sont prononcées alternativement par les deux interlocuteurs.

*Marche.* — Trois pas comme dans la marche ordinaire ; puis s'arrêter les pieds joints, pour faire le signe et le contre-signe.

*Age.* — Trente-trois ans.

Les travaux d'un Chap∴ reprennent à l'instant où *la parole fut perdue;* on les suspend au moment où *la parole est retrouvée.*

*Mot annuel.* — Les mots de semestre des Loges sont remplacés pour les Chapitres par des mots renouvelés tous les printemps.

---

(1) Dans le Rite exclusivement écossais, ces mots sont remplacés par le mot : *Hoschée* (en anglais *Hochea*).
(2) On retrouve dans le signe et le contre-signe l'alternance du triple symbole des conceptions humaines : ténèbres et lumière ; — mort apparente et transformation — barbarie et progrès social.

## REPRISE DES TRAVAUX[1]

Le *Très Sage* qui préside l'Atelier, après s'être assuré que les divers offices sont remplis et avoir frappé un coup de maillet — ● — qui est répété par les deux Grands Gardiens — ● —, — ● —, dit :

F∴ 1ᵉʳ Grand Gardien, êtes-vous Chevalier Rose-Croix ?

*Le 1ᵉʳ Gr∴ Gardien.* — Tous nos FF∴ Chev∴ me reconnaissent pour tel.

*Le T∴ Sage.* — F∴ second Gr∴ Gardien, quel âge avez-vous ?

*Le second Gr∴ Gardien.* — Tr∴ Sage, j'ai trente-trois ans.

*Le T∴ Sage.* — F∴ 1ᵉʳ Grand Gardien, quel est le premier devoir d'un Gr∴ Gardien en Chapitre ?

*Le 1ᵉʳ Gr∴ Gardien.* — C'est de s'assurer si le temple est couvert.

*Le T∴ Sage.* — Veuillez vous en assurer, mon F∴

*Le 1ᵉʳ Gr∴ Gardien (après vérification faite par le F∴ Couvreur).* — Très Sage, le temple est couvert.

*Le Tr∴ Sage.* — F∴ second Gr∴ Gardien, quel est le second devoir d'un Gr∴ Gardien en Chapitre ?

*Le second Gr∴ Gard∴* — C'est de s'assurer si tous les FF∴ présents sur les colonnes sont Chev∴ Rose-Croix réguliers.

*Le Tr. Sage.* — Veuillez vous en assurer (*frappant un coup de maillet* — ● —). Debout et à l'ordre, mes FF∴ ! (*Après que les Gr∴ Gardiens ont parcouru les colonnes*) : Tous les FF∴ présents sont-ils Rose-Croix ?

---

[1] Les travaux d'un Chapitre étant censés n'être jamais que suspendus.

*Le 1ᵉʳ Gr∴ Gardien.* — Tr∴ Sage, les FF∴ présents sur la colonne du Sud sont tous Rose-Croix réguliers.

*Le second Gr∴ Gard∴* — Il en est de même sur la colonne du Nord.

*Le Tr∴ Sage.* — Il en est de même à l'Est. — F∴ 1ᵉʳ Gr∴ Gardien, pourquoi sommes-nous réunis en ce jour ?

*Le 1ᵉʳ Gr∴ Gardien.* — Pour affermir notre zèle dans l'accomplissement de nos devoirs de Chevaliers Rose-Croix, et pour concourir, sur le 18ᵉ degré de l'échelle maçonnique, au maintien du caractère universel de notre institution.

*Le T∴ Sage.* — F∴ second Gr∴ Gardien, quels sont les travaux auxquels les Rose-Croix doivent principalement se consacrer ?

*Le second Gr∴ Gardien.* — Ceux qui, par l'étude des besoins réels de l'humanité et par la commémoration de ceux qui l'ont aimée et bien servie, peuvent établir sur la terre le règne de la liberté, de l'égalité et de la fraternité.

*Le Tr∴ Sage.* — Fr∴ 1ᵉʳ Gr∴ Gardien, à quelle heure les Rose-Croix ont-ils l'habitude de reprendre leurs travaux ?

*Le 1ᵉʳ Gr∴ Gardien.* — A toute heure soit de jour, soit de nuit.

*Le Tr∴ Sage.* — Pourquoi, F∴ second ?

*Le second Gr∴ Gardien.* — Parce qu'il n'y a point d'heure où l'on ne puisse être appelé à rechercher la vérité et à servir les intérêts régionaux de nos Loges ou du Grand Orient de France ou de la Fr∴ Maçonnerie universelle.

*Le Tr∴ Sage.* — Puisqu'il en est ainsi, T∴ Excellents Maîtres, veuillez inviter les FF∴ Chev∴ qui décorent vos colonnes à se joindre à vous et à moi pour reprendre les trav. du Chapitre＿＿＿＿＿Vallée de＿＿＿＿＿ par les signes et batteries du grade, et pour retrouver la parole perdue.

*Le 1ᵉʳ Gr∴ Gardien.* — FF∴ Chev∴ qui décorez ma colonne, vous êtes invités par le Tr∴ Sage et par moi à vous joindre à nous pour reprendre les travaux du Chapitre⸺ *⸺* par les signes et batteries du grade, et pour retrouver la parole perdue.

*Le second Gr∴ Gardien.* — FF∴ Chev∴ qui décorez ma colonne, vous êtes invités par le Tr∴ Sage et par moi à vous joindre à nous pour reprendre les travaux du Chapitre *La Samt* ⸺par les signes et batteries du grade, et pour retrouver la parole perdue.

*Le Tr∴ Sage et les deux Gr∴ Gardiens frappent successivement les coups du grade :* ⊙-⊙-⊙-⊙-⊙-⊙⸺⊙

*Le Tr∴ Sage.* — A moi! FF∴ Chev∴, par le signe *(il le fait)*, le contre-signe *(il le fait)* et la triple batterie *(il la tire)*, *en disant :* Liberté! Égalité! Fraternité! (ou Hoschée! Hoschée! Hoschée! au Rite écossais).

FF∴ Chev∴! Prenez place! Les travaux reprennent force et vigueur.

*(Tous les FF∴ s'asseoient).* F∴ Chancelier, veuillez nous donner lecture du tracé des derniers trav∴.

*(Après l'approbation du tracé, sur les conclusions du Chev∴ d'Éloquence, il est passé à l'ordre du jour.)*

Pour la mise aux voix du tracé, voir pages 18 et 19 des cahiers des grades symboliques du G∴ O∴ D∴ F∴, année 1887.

*(Fin de la reprise des travaux.)*

---

*L'Introduction des visiteurs et la Communication de la correspondance ont lieu comme au 1ᵉʳ degré, sauf la différence du tuilage.*

*Voir pages 19, 20 et 21 des cahiers des grades symboliques, édition 1887 (E∴ V∴).*

## PRÉSENTATION DE CANDIDATURES AU 18ᵉ DEGRÉ

---

*Le Tr∴ Sage, auquel des présentations de candidatures sont adressées, soit par des Loges de la Fédération, soit par des membres du Chapitre, dans les conditions prévues par les articles 78 et 79 du Règlement général (voir page 5 du présent Rituel), a dû désigner deux membres du Chapitre pour faire rapport écrit sur chaque candidature. Quand ces rapports lui sont parvenus — ainsi que l'avis motivé de la Loge en cas de présentation faite en dehors d'elle — il les soumet au Chapitre de la manière suivante :*

Le Tr∴ Sage. — FF∴ Chev∴, il est parvenu au Chap∴ une proposition tendant à l'élévation aux grades capitulaires du F∴ _______________

( _________________ ), né à _______________ le _______________

demeurant _______________

possédant le grade de Maître depuis le _______________ 18 ___, ainsi qu'il appert de son diplôme, portant les nᵒˢ _______________ de la souche et _______________ du sceau. Cette proposition émane de la R∴ L∴ _______________ Or∴, de _______________ *(ou des FF. Chev∴* _______________ ,

_______________ , _______________ , _______________ , et _______________ , membres de notre Atelier).

Cette proposition a été examinée par deux de nos FF∴ Chev∴, en exécution de l'article 80 du Règlement de l'Ordre. Leurs observations sont contenues dans les deux rapports suivants :

*(Il donne lecture des deux rapports. — Il ajoute, s'il y a lieu, la lecture de la pl∴ spéciale de la Loge.)*

*Le Tr∴ Sage.* — Quelqu'un d'entre vous, FF∴ Chev∴, demande-t-il la parole sur l'admission de ce M∴ aux épreuves ?

S'il y a opposition, l'on discute, et l'Atelier statue dans la forme prescrite par l'article 81 du Règlement. (Voir page 5 du présent Rituel.)

*Le Tr∴ Sage.* — En conséquence, FF∴ Chev∴, le F∴ __________ sera admis (*ou* ne sera pas admis) aux épreuves.

---

## PRÉLIMINAIRES DE LA RÉCEPTION

---

*Le Tr∴ Sage.* — Tr∴ Resp∴ FF∴ Chev∴, l'ordre du jour appelle la réception de $\left\{ \begin{array}{l} \text{un Maître} \\ \text{n}∴ \text{ Maîtres} \end{array} \right\}$ [1] pour qui l'initiation au grade de Rose-Croix a été demandée dans les formes prescrites par le Règlement général de l'Ordre.

Une décision favorable du Chapitre est intervenue dans sa séance du _______________.

Voici les noms des récipiendaires : 1° N__________ ; 2° N__________ Quelqu'un d'entre vous s'oppose-t-il à ce qu'il soit passé outre à la réception ?

S'il y a opposition, l'Atelier statue : — En cas de décision négative, la candidature du F∴ qui en est l'objet est remise à l'état d'instruction. — En cas de décision favorable, ou si le silence est gardé, le Tr∴ Sage charge le Maître des Cérém∴ de chercher dans les parvis du temple les récipiendaires qui doivent être décorés du cordon de Maître et sont ordinairement en tenue de soirée.

---

(1) Afin de ne pas compliquer le Rituel, on suppose qu'il y a *plusieurs* récipiendaires, ce qui est le cas le plus général. — S'il n'y en a qu'un seul, le Tr∴ Sage modifiera le texte en conséquence.

*Le Tr∴ Sage.* — F∴ Grand Expert, veuillez aller chercher et faire entrer à la manière accoutumée les FF∴ qui sollicitent une augmentation de salaire. Vous aurez soin de les tuiler au grade de Maître.

*(S'adressant au Garde de la Tour)* : Et vous, F∴ Garde de la Tour, veuillez voustenir prêt à répondre au F∴ Grand Expert.

## RÉCEPTION

*Arrivé extérieurement à la porte du temple avec les récipiendaires, le F∴ Grand Expert frappe en Maître.*

*Le Garde de la Tour, qui est demeuré à l'intérieur du temple, répond par un coup, puis il ouvre la porte du temple et demande, sans élever la voix, quels sont les Maîtres qui s'annoncent.*

*Le Gr∴ Expert répond de même :* Ce sont les FF∴ N________, N________ qui sollicitent la fav∴ d'être admis dans le temple où travaillent les initiés Rose-Croix.

*Cette réponse est transmise au Tr∴ Sage.*

*Le Tr∴ Sage.* — Veuillez introduire les récipiendaires.

Ceux-ci entrent par le pas de Maître et sont conduits au milieu du temple, où ils restent debout et à l'ordre du 3ᵉ degré.

*Le Tr∴ Sage (s'adressant aux candidats).* — Mes FF∴, d'après le désir exprimé par vous d'être admis dans l'Atelier des initiés Rose-Croix, et saisi d'ailleurs de propositions conformes et réglementaires, ce Chapitre s'est assemblé et vient de consentir à vous ouvrir son temple, afin que vous puissiez, en présence des FF∴ qui le composent, être interrogés sur les progrès que vous avez faits dans la vie maçonnique.

F∴ Grand Expert, veuillez inviter les récipiendaires à s'asseoir.

*Les récipiendaires prennent place sur les chaises qui ont été disposées en arrière de l'endroit où ils se tenaient debout et à l'ordre.*

*Le Tr∴ Sage interroge les candidats d'après l'instruction au gr∴ de M∴, qui complète le 3ᵉ cahier des degrés symboliques, ainsi que sur les articles 10 et 45 de la Constitution, 1, 9, 10, 11, 12, 78, 82 et 90 du Règlement général. Une fois cet interrogatoire terminé :*

*Le Tr∴ Sage.* — Vous avez produit, comme il convient, un morceau d'architecture dont vous donnerez lecture quand le moment sera venu [1]. Mais, tout d'abord, il nous faut procéder à un examen qui, d'après vos réponses, permettra aux Chev∴ Rose-Croix ici présents de juger définitivement si vous êtes dignes de l'augmentation de salaire qui a été demandée pour vous.

Répondez, avec toute la franchise d'un homme d'honneur, c'est-à-dire d'un Maçon, aux questions que je vais vous adresser :

1° Avez-vous rempli, autant que le permettait votre position, vos devoirs envers vos FF∴, surtout envers vos FF∴ malheureux, ainsi que vous en avez contracté l'obligation dans les grades symboliques ?

*Réponse :* . . . . . . . . . . . . . . .

*(Nota. — Ces réponses doivent être faites individuellement et successivement, s'il y a plusieurs récipiendaires.)*

2° Avez-vous purifié votre cœur, cultivé votre raison, mettant ainsi en pratique le moyen le plus sûr d'observer les lois naturelles et d'être utile à vos semblables ?

*Réponse :* . . . . . . . . . . . . . . .

---

(1) Ce morceau d'architecture est ordinairement demandé par le Tr∴ Sage aux récipiendaires dans la correspondance qui suit le scrutin favorable à l'admission aux épreuves, et qui détermine le jour de la convocation.

3° Avez-vous fui le mensonge, combattu la superstition, battu en brèche la duplicité, pratiqué et encouragé la droiture en toutes circonstances et à l'égard de tous?

*Réponse :* . . . . . . . . . . . . .

4° Dites-nous comment vous comprenez, dans l'état actuel des connaissances que vous avez acquises, le but réel de notre institution ?

*Réponse :* . . . . . . . . . . . . .

*Aux réponses des candidats, le Tr.·. Sage ajoute l'explication suivante :*

La Franc-Maçonnerie, mes FF.·., est la personnification de l'Humanité en marche vers la lumière.

Si ce n'est pas là ce qu'elle est partout, c'est du moins ce qu'elle devrait être.

Son but, c'est le bonheur de l'Humanité.

Son moyen, c'est la Fraternité universelle.

Elle réunit, dans un temple commun, toutes les opinions philosophiques, politiques et sociales qui, ayant la raison pour guide et la justice pour idéal, veulent mettre en pratique les trois termes de notre sublime et ancienne devise : Liberté, Égalité, Fraternité.

Pour atteindre ce but, nos efforts doivent tendre constamment à affranchir la pensée humaine, à résister aux dominations de sectes qui se flattent de l'asservir, à effacer parmi les hommes les préjugés de castes, les distinctions conventionnelles ou exclusives d'origines, d'opinions, de nationalités ; — à remplacer les rêves, les hypothèses et les idées subjectives par les faits réels, par l'expérience et par les conceptions rationnelles qui en découlent ; — à anéantir le fanatisme et la superstition ; — à extirper les haines nationales et avec elles le fléau de la guerre. C'est ainsi que nous arriverons, par un progrès libre et pacifique, à formuler le droit éternel et universel qui assurera le développement des facultés de l'individu. Et c'est grâce à ce développement que l'individu pourra concourir au bonheur de tous et à faire de tout le genre humain une seule et même famille de frères, unis par l'amour de la vérité, par le travail et par les liens de la solidarité. L'Humanité tout entière doit vibrer en chacun de vous.

Votre devoir, mes FF.·., consiste donc à vous perfectionner dans l'étude de toutes les idées généreuses, libérales et égalitaires; vous devrez élever votre esprit à la conception d'une orientation progressiste sans défaillances et du rôle collectif que doit remplir partout à la surface du globe l'homme permanent et impersonnel dont notre Ordre est la personnification.

## MORCEAUX D'ARCHITECTURE

*Le Tr.·. Sage.* — Le moment est venu, FF.·. récipiendaires, de nous donner lecture des morceaux d'architecture que vous avez préparés pour être soumis au Chapitre.

F.·. N..., vous avez la parole.

Nota. — S'il y a plusieurs récipiendaires, le F.·. M.·. des cérémonies place le flambeau à trois branches sur le plateau du second Gr.· Gardien, et le F.·. récipiendaire N _____, qui lit son morceau d'architecture, se place debout, près de ce flambeau, pour opérer sa lecture.

(Répliques et autres morceaux d'architecture, s'il y a lieu.)

*Le Tr.·. Sage.* — Frères du Chapitre, quelqu'un de vous désire-t-il adresser des questions aux néophytes ?

*(Questions, s'il y a lieu, et réponses.)*

*Le Tr∴ Sage.* — F∴ M∴ des cérémonies, veuillez faire couvrir le temple aux récipiendaires.

*(Ils se lèvent et couvrent le temple.)*

*Le Tr∴ Sage.* — TT∴ Excellents FF∴ Chev∴, vous avez pu juger de la valeur des récipiendaires par ce que vous venez d'entendre. Quelqu'un d'entre vous a-t-il des critiques à formuler ? Rappelez-vous que nous avons tous besoin d'indulgence, puisque nous sommes tous imparfaits.

*Si le silence est gardé, ou après délibération de l'Atelier, on fait rentrer les récipiendaires debout entre les colonnes, et la cérémonie continue* [1].

*Le Tr∴ Sage.* — Le Chapitre, mes FF∴, après avoir apprécié vos morceaux d'architecture et vos réponses, vous admet sur ses colonnes. Promettez-vous, mes FF∴, dans la nouvelle carrière maç∴ où vous allez entrer, de faire tout ce qui dépendra de vous pour coopérer à l'accomplissement du noble objet de notre institution, tel que je vous l'ai précédemment défini ?

*Réponses des récipiendaires.* . . . . . . . . . . . .

*Le Tr∴ Sage.* — Puisqu'il en est ainsi, mes FF∴, vous devez, avant tout, entendre quelques réflexions sur la manière dont les grades que vous désirez obtenir servent de continuation à celui que vous possédez. Mes FF∴, veuillez vous asseoir.

*Les récipiendaires reprennent place sur les sièges disposés derrière eux.*

*Le Tr∴ Sage.* — Vous vous rappelez, dans la maîtrise, la légende d'Hiram, architecte du Temple de Salomon, frappé successivement par trois meurtriers, et glorifié ensuite comme un juste par tous les Maîtres.

A l'origine, la commémoration de ce drame retraçait le symbole des Ténèbres et de la Lumière, de la Mort et de la Résurrection. Ce mystère

---

[1] C'est à ce moment que le troisième transparent est attaché au-dessus de la porte d'entrée de l'Occident dans les temples où l'ouverture de la porte ne permet pas de le disposer à l'avance à cette place.

devait familiariser les esprits avec la mort, tout en leur apprenant à estimer à leur juste valeur les vanités de la vie.

Cette allégorie de la Mort et de la Résurrection se retrouve dans un grand nombre de religions et de légendes humaines. Partout c'est la même idée : un dieu, un héros, un sage, un martyr succombe sous les coups du génie du mal, et subit le trépas pour recommencer bientôt après une vie glorieuse et immortelle ; — c'est le dogme de la lutte éternelle des deux grands principes opposés qui, *dans les spéculations primitives* antérieures aux notions de l'évolution terrestre, se disputent le monde : le Bien et le Mal, la Lumière et les Ténèbres, l'Univers et le Chaos, l'Existence et le Néant.

La construction du Temple de Salomon, l'une des merveilles de l'antiquité, et le mythe de la mort d'Hiram, qui prête d'ailleurs à des interprétations multiples, devaient donc séduire l'imagination de nos pères qui en ont légué la tradition à leurs successeurs.

Cette tradition n'existait pas seulement au grade de Maître : le mystère s'est continué plus tard dans les grades qui suivaient immédiatement le 3ᵉ degré et dont le F∴ Chev∴ d'Éloquence va vous donner la nomenclature.

F∴ Chev∴ d'Éloquence, vous avez la parole.

*Le F∴ Chev∴ d'Éloquence fait ici connaître, par un morceau d'architecture en rapport avec le temps dont l'Atelier dispose, les grades intermédiaires, du 4ᵉ au 17ᵉ degré inclus, dont la liste figure à la page 6 du présent Rituel. — **Ces grades sont conférés successivement par communication aux récipiendaires.***

*Le Tr∴ Sage.* — Si vous avez, mes FF∴, exactement saisi la pensée du Chev∴ d'Éloquence, vous vous serez rendu compte des motifs qui vous ont fait conférer ces nouveaux grades par communication et à titre de souvenir historique.

Et maintenant, nous allons vous faire connaître la signification et les enseignements que comporte le grade de Rose-Croix. Vous allez, sous la conduite de FF∴ du Chapitre, vous mettre à la recherche de la Vérité. *(S'adressant aux FF∴ Chev∴) :* Debout, et à l'ordre, mes FF∴! F∴ Grand Expert, veuillez faire faire aux récipiendaires les trois voyages symboliques.

Les récipiendaires, étant à l'ordre du grade de Maître précédés des MM∴ des Cérém∴ qui sont armés d'un glaive et portent en outre un flambeau à plusieurs branches, font avec le Gr∴ Expert le premier voyage, en partant de la colonne B∴ et en suivant par le Midi, l'Orient et le Nord. Lorsque le groupe est arrivé devant la colonne J∴, un M∴ des Cérém∴ (qui peut être remplacé par le Garde de la Tour) fait tomber le voile qui cache le transparent LIBERTÉ. Le Gr∴ Expert prononce à haute voix ce mot :

Liberté !

*Le second Gr∴ Gardien.* —Liberté !

*Le 1er Gr∴ Gardien.* —Liberté !

*Le Tr∴ Sage.* —Liberté ! Mot qu'on ne peut prononcer sans tressaillir, quand on songe à tout le sang que les hommes ont versé pour elle. Mais ce mot contient-il tout ? — Nous ne le pensons pas. Cherchez encore !

Le cortège, composé comme ci-dessus, fait le deuxième voyage, en partant de la colonne J∴ et en suivant par le Nord, l'Orient et le Sud. Arrivé devant la colonne B∴, un M∴ des Cérém∴ fait tomber le voile qui cache le transparent (éclairé intérieurement) ÉGALITÉ, et il prononce à haute voix ce mot :

Égalité !

*Le second Gr∴ Gardien.* —Égalité !

*Le 1er Gr∴ Gardien :* Égalité !

*Le Tr∴ Sage.* —Égalité ! Nous avons fait un grand pas : il n'y a pas, en effet, de justice possible sur la terre sans l'égalité des droits. La Liberté consacrée par l'Égalité, c'est un progrès; mais cela ne suffit pas : où sera le lien de ces deux principes ? Quel sera le sentiment qui, à la fois, les reliera et les animera ? Cherchez encore.

Le groupe procède alors au troisième voyage par le Nord, l'Orient et le Midi. Arrivé entre les colonnes devant le troisième transparent lumineux, un M.˙. des Cérém.˙. fait tomber le voile qui le cache, et le Gr.˙. Expert prononce à haute voix, lentement, la devise :

Liberté ! Égalité ! Fraternité !

*Le second Gr.˙. Gardien.* — Liberté ! Egalité ! Fraternité !

*Le 1ᵉʳ Gr.˙. Gardien.* — Liberté ! Egalité ! Fraternité !

*Le Tr.˙. Sage.* — Liberté ! Egalité ! Fraternité ! c'est là qu'est la vérité ! c'est la Parole ! c'est toujours la vieille devise de nos pères : « *Foi, Espérance, Charité,* » plus nettement déterminée qu'ils ne l'avaient fait eux-mêmes : car nous avons *Foi* dans sa vertu pour assurer le bonheur des hommes; c'est Elle qui nous donne l'*Espérance* de voir nos descendants plus heureux que nous; la *Charité,* dont nous ne méconnaissons pas les bienfaits aux époques intermédiaires entre le règne de la Force brutale et le règne du Droit, s'est appelée pour nous la Fraternité qui ne comporte pour personne ni vanité ni humiliation : la solidarité humaine, cette charité non plus facultative et volontaire, mais obligatoire pour tous, n'est autre chose que la Fraternité mise en pratique, fortifiée par la double idée du droit et du devoir, et dégageant sur un pied d'égalité ses naturelles conséquences.

Cette triple devise, transformation logique, naturelle et progressiste des devises anciennes, sera donc la règle de nos actions. Applaudissons, mes FF.˙., aux sentiments qu'elle résume par la triple batterie du grade de M.˙.

(Triple batterie de Maître. — Harmonie si le Chap.˙. possède une colonne d'Harmonie.)

*Le Tr.˙. Sage (s'adressant aux récipiendaires).* — Mes FF.˙., les trois voyages auxquels vous venez de prendre part représentent l'Humanité en marche, dans le passé, dans le présent et dans l'avenir, sous la conduite de la Franc-Maçonnerie qui l'éclaire, pour atteindre les trois conditions essentielles de son bonheur.

Dans la poursuite de cette noble tâche, les Rose-Croix doivent se considérer comme des champions astreints à une activité exceptionnelle.

Le F∴. Chev∴. d'Éloquence vous dira comment, à de certaines époques, quelques groupes portant ce même titre se sont donné pour objectifs ou pour raison d'être d'autres découvertes que celles du bonheur humain et des progrès qui peuvent le réaliser. Fidèle à ses idées anciennes, le Gr∴. Orient de France maintient ses Ateliers dans les saines et primitives traditions de la pure Franc-Maçonnerie.

Le travail seul peut vous révéler les mille secrets de la nature. Nous nous aiderons mutuellement à soulever le voile; mais, de votre travail seul et des efforts fraternels auxquels vous prendrez part, vous devez tout attendre. Vous contractez, en prenant place parmi nous, de plus grandes obligations. A chaque instant, nous aurons le droit de vous demander compte de ce que vous aurez fait pour le bonheur de l'Humanité.

Le grade que nous allons vous conférer n'a plus pour objectif la personne du Franc-Maçon, mais l'effort collectif des Ateliers et de la Franc-Maçonnerie en général pour orienter les sociétés humaines dans le sens du Progrès. Dans cette marche en avant, l'Humanité est obligée de lutter sans cesse contre l'Ignorance, l'Hypocrisie et l'Ambition des hommes. La principale difficulté de cette tâche maçonnique consiste en ce que l'œuvre doit conserver les caractères d'une œuvre commune, homogène et ayant toujours la même orientation, tout en présentant, suivant les temps et les milieux au sein desquels elle s'accomplit, des conditions de fonctionnement très variables et parfois presque dissemblables. Notre fidélité loyale et inébranlable au Grand Orient de France, Suprême Conseil pour la France et ses dépendances, nous permettra de résoudre ce délicat problème en nous appliquant à faire le bien, à dire la vérité, à aimer les bons et à savoir nous suffire.

Mes FF∴, la Franc-Maçonnerie, pour son 18ᵉ degré, a gardé l'emblème de la croix qui, bien antérieur au christianisme, remonte à la plus haute antiquité et se prête, suivant les efforts humanitaires ou chevaleresques que l'on envisage, à de multiples commémorations. Aux termes de nos anciens Rituels, les quatre branches de la croix du 18ᵉ degré, qu'on appelait aussi croix scientifique, sont d'égale longueur[1].

Cette croix se complète par l'adjonction d'une rose, qui était dans l'antiquité l'emblème de la sainteté et de la perfection : c'était la fleur de la chevalerie; elle personnifiait la discrétion. La rose ornait les temples du paganisme comme elle orne aujourd'hui la façade, la nef ou le transept des basiliques romaines. La caractéristique du *secret* apparaît dans toutes les dénominations des Hauts Grades maçonniques au dernier siècle. Un double symbole d'ordre si général et si gracieux tout à la fois (car la rose a ce privilège de synthétiser à elle seule tous les épanouissements floraux de la nature) a dû déterminer, à différentes époques, les choix de ceux auxquels le secret apparaissait comme une nécessité.

Dans les quatre branches de la croix, vous voyez les quatre lettres I. N. R. I. Ces quatre lettres, alternativement prononcées, forment le mot sacré du grade de Rose-Croix. Elles représentent, non pas une croyance religieuse, mais toute une série de formules correspondant à des interprétations diverses ou aux symboles astronomiques, physiques ou philosophiques fournis par la légende d'Hiram. Voici les principales :

1° D'après quelques-uns, les quatre lettres minuscules *i n r i* auraient été confondues avec le tétragramme hébraïque du mot de Jehovah.

2° Selon d'autres, il faudrait lire : *Jesus Nazareus Rex Judæorum*, et les lettres seraient empruntées à l'écriteau du supplice de Jésus.

---

(1) Voir la note au bas de la page 9 du présent Rituel.

3° *Igne Natura Renovatur Integra* [1]. C'est par le feu que la nature entière se renouvelle. (Allusion au symbole astronomique du soleil, ou au symbole physique de la vie qui renouvelle tout, ou au symbole philosophique du travail humain.)

4° *Indefesso Nisu Repellamus Ignorantiam*. Par un effort infatigable, combattons l'ignorance. Le F.·. Chev.·. d'Éloquence vous donnera à cet égard des détails plus complets.

Vous voyez enfin, mes FF.·., à côté de la croix fleurie du 18ᵉ, un pélican qui nourrit ses petits de son sang. C'est l'emblème du dévouement chevaleresque, poussé jusqu'au sacrifice, qui est l'un des plus beaux préceptes des Rose-Croix, et qui peut justifier leur ancien titre de *Chevaliers*.

Si le groupement capitulaire constitue aujourd'hui une chevalerie, ce ne peut plus être qu'au point de vue des efforts chevaleresques et désintéressés que doivent faire tous ses membres pour le triomphe de ce qui est juste et humainement nécessaire. Nous mettons au premier rang de ce qui est humainement nécessaire (à cause des conséquences que nous en attendons) le maintien de l'unité fraternelle au sein de la Franc-Maçonnerie universelle en dépit du caractère multiple et variable de son action sur les divers points du globe, lesquels sont si dissemblables au point de vue des tempéraments historiques et des milieux profanes.

Dans cette croisade d'un nouveau genre pour le progrès des idées et aussi pour l'unité franc-maçonnique, ces épées que vous voyez nous indiquent que nous devons être toujours prêts à combattre pour une cause généreuse et juste qui n'est pas exempte de périls.

Vous connaissez, mes FF.·., le caractère de nos trav.·.; promettez-vous, devant cette resp.·. assemblée qui vous entend, de vous y associer, et êtes-

---

(1) Les sectaires de la Compagnie de Jésus traduisaient au dix-septième siècle de la façon suivante : *Justum Necare Reges Impios*. Il est juste de faire périr les rois non pieux.

vous disposés à prêter l'obligation exigée de tous les membres de notre grade ?

*Réponses* (individuelles et successives). . . . . . . . . .

*Le Tr∴ Sage.* — Debout et à l'ordre, FF∴ Chev∴ ! — F∴ M∴ des Cérémonies, conduisez à l'Orient les FF∴ récipiendaires pour y prêter leur obligation.

*Les FF∴ récipiendaires se rangent debout devant le plateau du T∴ Sage.*

*Le T∴ Sage.* — Mes FF∴ je vais vous lire la formule de l'obligation ; si vous l'acceptez librement et loyalement après lecture, vous répondrez individuellement : « *Je le promets* », en tenant la main droite étendue au-dessus de cette épée.

## OBLIGATION

« *Sur ce glaive, symbole de la Force mise au service du Droit, je promets* « *de soutenir toujours la cause du faible et de l'opprimé et de défendre la* « *Franc-Maçonnerie contre ceux qui l'attaquent; je promets de ne jamais* « *révéler les signes distinctifs du grade qui va m'être conféré.* »

« *Je promets, en outre, de remplir les devoirs qui me seront imposés par* « *ce grade, et notamment d'observer fidèlement, en qualité de Rose-Croix, la* « *Constitution et le Règlement général du Grand Orient de France, Suprême* « *Conseil pour la France et les possessions françaises.*

(*Réponses individuelles des récipiendaires.*)

*Après quoi, étendant le glaive sur la tête de chacun des récipiendaires, le Tr∴ Sage dit :*

Au nom du Grand Orient de France, Suprême Conseil pour la France et les possessions françaises, et en vertu des pouvoirs qui m'ont été conférés à cet effet, je vous confirme dans les grades qui vous ont été communiqués tout à l'heure, et je vous constitue Chevalier Rose-Croix, au grade du 18e degré, dans le Chapitre

de la Vallée de souché sur

la R∴ Loge .

*Puis il frappe trois coups sur le glaive étendu de façon à toucher l'épaule droite du récipiendaire, trois coups pareillement sur l'épaule gauche et un septième coup sur le glaive touchant le dessus de la tête. Enfin, il donne l'accolade de Rose-Croix au F∴ nouvellement initié et consacre de la même façon les autres récipiendaires.*

*Puis il leur communique le mot de passe, le mot sacré, le signe et le contre-signe, les attouchements et batteries du grade tels qu'ils figurent à la page 11 du présent Rituel.*

*Il termine la réception en donnant à chaque initié le mot annuel de l'année courante, et il ajoute :*

F∴ Grand Expert, veuillez conduire les récipiendaires entre les deux FF∴ Gr∴ Gardiens.

*(Les récipiendaires se placent debout et à l'ordre du grade de Rose-Croix.)*

Le *Tr∴ Sage.* — FF∴ 1er et second Grands Gardiens, veuillez inviter les Chev∴ qui décorent vos colonnes à reconnaître à l'avenir comme Chev∴ Rose-Croix, membres du Chapitre

Vallée de

les FF∴ N N

et faire tirer en leur honneur une batterie d'allégresse.

*Les Gr∴ Gardiens répètent l'annonce et les noms. La batterie est tirée. Puis les nouveaux admis sont conduits à la place qui leur est destinée.*

Le *Tr∴ Sage.* — Prenez place, mes FF∴

## SUSPENSION DES TRAVAUX

*Le Tr∴ Sage.* — F∴ Hospitalier et F∴ M∴ des Cérém∴, veuillez faire circuler le sac aux propositions et le tronc de bienfaisance.

(Le produit de la quête est rapporté à l'Orient et annoncé par le Tr∴ Sage.)

*Le Tr∴ Sage.* — Debout et à l'ordre ! — Mes FF∴, nos travaux sont suspendus.

Je vous remercie de votre zèle, et particulièrement les FF∴ Chev∴ Visiteurs qui nous ont fait la précieuse fav∴ de venir s'asseoir parmi nous.

(Coup de maillet —— ◉ ——.)

*Le Tr∴ Sage.* — FF∴ 1ᵉʳ et 2ᵉ Gr∴ Gardiens, veuillez annoncer sur vos colonnes que les trav∴ du Chap∴ *St Secours* ______________
Vallée de ______________________________________
sont suspendus.

*(L'annonce est répétée.)*

*Le Tr∴ Sage et les deux Gr∴ Gardiens frappent successivement les coups du grade :* ◉—◉ ◉—◉ ◉—◉———————◉

*Le Tr∴ Sage.* — A moi, FF∴ Chev∴, par le signe, le contre-signe, la batterie et l'acclamation !

*(Ce commandement est exécuté.)*

# LA CÈNE

La Cène *est une agape frugale et fraternelle, en usage dans certains
Chapitres.*

*Elle se compose essentiellement d'un gâteau symbolique que les FF∴
Ch∴ se partagent, et de vin qu'ils boivent en commun après l'avoir fait circuler dans un grand calice emblématique de leur union. Les F∴ Ch∴ forment
la chaîne d'union autour de la table préparée à cet effet dans le milieu du
temple : le Tr∴ S∴, faisant appel aux sentiments qui unissent les assistants,
donne le signal en rompant le pain le premier et en trempant ses lèvres dans
la coupe qu'il fait ensuite circuler. Aucune formule ne paraît pouvoir être
spécialement recommandée aux Ateliers, les repas en commun apparaissant,
dès la plus haute antiquité des temps historiques, comme étant pour les hommes
le symbole tangible des sentiments et des liens qui les unissent. La Cène de
Jésus-Christ se trouve l'objet d'une commémoration spéciale dans certains
Chapitres du Rite exclusivement écossais, à titre de glorification des doctrines
humanitaires du prophète nazaréen, considéré comme victime du despotisme
politique et religieux. Pour ces derniers, la date de la Cène correspond
exactement au jeudi qui précède le jour de Pâques; en éteignant et en rallumant
les lumières, ces Ateliers symbolisent le flambeau de la philosophie éteint par
l'ignorance et brillant ensuite d'une pure lumière.*

*Quelles que soient les formes, la Cène est un symbole qui doit suggérer des
sentiments d'affection mutuelle, d'intimité cordiale et d'égalité.*

*Pour les Rituels d'installation des officiers, d'inauguration de temple, d'installation d'un Chapitre ou de communication des mots annuels, s'en référer aux cahiers des grades symboliques, où des modèles très complets figurent aux pages 49, 139, 129 et 54.*

# CONSTATATION D'AUTHENTICITÉ

Que le présent exemplaire des Cahiers des grades capitulaires et Rituels correspondants soit délivré, avec deux exemplaires pareils, sous le sceau du Grand Orient de France et du Grand Collège des Rites, Suprême Conseil pour la France et les possessions françaises, au S∴ Ch∴ l'Intimité

Vallée d' Aix-les-Bains

Donné au siège du Grand Orient, le 21 Septembre 1899

Les Membres du Conseil de l'Ordre délégués,                    Le Gr∴ Commandeur,

33∴

Le Garde des Sceaux du G∴ O∴                              Le Gr∴ Chancelier, adj.t

Le Président du Conseil de l'Ordre,

Louis Lucipia

Délivré sous le n° 2512

Le Chef du Secrétariat.

## MODÈLE DE PL∴ DE PRÉSENTATION POUR LES GRADES CAPITULAIRES

Au nom et sous les auspices du Grand Orient de France, Suprême Conseil pour la France et les possessions françaises.

Or∴ de_____________ , le___________

La R∴ L∴_____________à l'Or∴ de_____________au S∴ Chapitre_______

T∴ S∴ et TT∴ CC∴ FF∴

Nous avons la fav∴ de vous informer que, dans sa tenue de maîtrise en date du_____________notre R∴ L∴_____________ délibérant par application de l'article 79 du Règlement général, a décidé de vous proposer, comme candidat aux grades capitulaires, le F∴ M∴_____________ membre de la Loge, demeurant_____________, ayant plus de trois ans de maîtrise et dont les services maç∴ ont paru justifier cette élévation.

Nous joignons à la présente proposition le diplôme de Maître du candidat et nous la faisons suivre de sa demande écrite et signée.

Nous espérons, TT∴ CC∴ FF∴, que l'admission parmi vous du F∴ M∴ que nous vous proposons aura pour effet de resserrer les liens maç∴ qui nous unissent, et nous vous prions d'agréer l'expression de nos sentiments fraternels.

(TIMBRE DE LA LOGE)     *Le Secrétaire,*     *Le Vénérable,*     *L'Orateur,*

*Adresse de la Loge* _____________

## CHARGES

L'élévation au grade de Rose-croix dans le Chap∴ entraîne les charges suivantes :

**Taxe** fixée par l'article 139 *(minimum 3o fr.)* pour l'obtention du grade.    oo fr.   »

Prix du **Bref** dû au G∴ O∴ en vertu de l'article 177 . . . . . . . . . . . . . . . . .    10   »

La **Cotisation annuelle**, dont le minimum prévu par l'article 141 du Règlement général est de 10 francs, est fixée à. . . . . . . . . . . . . . . . . . . . . . . . . . . .    oo   »

Il est d'usage de payer le semestre d'avance au moment de la réception, soit . . . . . . . . . . . . . . . . . . . . . . . . . . . . . . . . . . . . . . . . . . . . . . . . . . . . . . .    o   »

Total des métaux à remettre au Trésorier au moment de la collation du grade. . . . . . . . . . . . . . . . . . . . . . . . . . . . . . . . . . . . . . . . . . . . . . . . . . . . .    »

## Demande du Récipiendaire

*Je soussigné* (nom et prénoms) _____________

(profession) _____________ (demeure) _____________

*membre actif de la R∴ Loge*_____________*Or∴ d*_____________*Maître depuis*_____________*suivant dipl∴ N°*_____________*(souche) et N°*_____________*(sceau),* *déclare vouloir bénéficier des propositions faites en ma faveur par ladite Loge pour l'obtention des grades capitulaires dans le Chap∴*_____________*de la vallée de*_____________ *par application de l'article 79 du Règlement général du G∴ O∴ D∴ F∴*

*Je déclare, en outre, avoir pris connaissance des charges qui résultent pour les Rose-Croix de leur élévation au 18ᵉ degré.*

(Signature du Récipiendaire.)

PARIS. — IMPRIMERIE NOUVELLE (ASSOCIATION OUVRIÈRE), 11, RUE CADET

F∴ R. BARRÉ, DIRECTEUR. — 2021-90